Mandelzweig und Eisvogel

AF221099

Seit fast anderthalb Jahrzehnten veröffentlicht Anne Höver ihre Gedichte und Geschichten. Aus ihren bisher erschienenen sieben Büchern habe ich eine Auswahl an Texten zusammengestellt, in denen Anne Höver mit Worten Bilder aus der Natur malt

Günter Höver

Anne Höver hat als Diplompsychologin in freier Praxis u.a. im Kinderschutzbund als Telefonseelsorgerin gearbeitet. Sie ist Mitglied im Laienorden der Franziskaner (OFS).

© 2020 Anne Höver
Herstellung und Verlag: BoD - Books on Demand, Norderstedt
ISBN 978-3-7519-7132-4

Anne Höver

Mandelzweig
und Eisvogel

Die Texte folgen dem Jahreslauf: vom Mandelzweig im Frühling bis zum winterlichen Eisvogel.

Mildes Licht der Frühe
Stille am Morgen
Erste Sonnenstrahlen
schimmern zart
Ein Mandelzweig blüht auf

Eiskristalle stieben
Die Nachtigall singt
mitten im Schnee
Schon bald blühen
die Kirschzweige

Frühling

Hochzeitskleid in grün
zarte Schleierbirke
Klingende Narzissen
leuchtend gelb im Moos
Über Nacht
öffne sich die Tulpen
und Hyazinthen
verströmen leise ihren Duft
Sternenbestickte Forsythien
blühen am Wegrand
und rosaweiß steht der Magnolienbaum

Kirschblütensterne

Kirschblütenorchester
Duftsymphonie
aus weißen Sternen
mit gelben Staubgefäßen
wehender betäubender Duft
durch Frühlingsbäume
im Park
leuchtend weißes Blütenmeer
Bienensummen
Klang in Fülle
Traum von Kirschblütensternen

Apfelblüten

In meinem Garten
hinter dem Fachwerkhaus
steht ein knorriger
alter Apfelbaum
Im Mai sehe ich
ihn sternbeladen
mit rosaweißen Blüten
wunderbar
Im Garten
ist ein feiner Duft
nach Apfelblüten
zauberhaft

Birnbaum blüht schneeweiß
Frühling im Obstgarten
Hinter dem alten Haus
flüstert leise der Wind
in den Zweigen

Der junge Pfirsichbaum

Seit einem Jahr
im Garten vor dem Haus
ist eingepflanzt
ein junger Pfirsichbaum
Mein Vater liebt ihn
hellgrün, schön
sind seine Blätter
Er blüht zum ersten Mal
der Pfirsichbaum
rosa blütenüberstömt
schmückt er sich
dem Vater zum Geschenk

Die Pfirsichbäume blühen
in rosa Pracht
Der Mandarinenbaum
duftet nach Süße
Die Pflaumenblüten
schweben bald zur Erde
und die Kirschblüten
duften im Garten

Kleine Pflaumenblüte

Seit einer Woche
prall die Knospen
im alten Garten
hinterm Haus
der Pflaumenbaum
Ostern ist morgen
In der Früh
sind plötzlich
alle Knospen aufgebrochen
Kleine Pflaumenblüte
weht der Wind
in weite Ferne

Schneeflocken und Amseln
mitten im April
Lieblicher Gesang
Vögel zwitschern
im ersten Frühlingshauch

Veilchen

Veilchen, duftendes Blümlein
mit tiefgelben Staubgefäßen
Wie schmiegst du dich zärtlich ins Moos
Der Frühling kommt
die Wiesen duften nach Honig
Veilchenpolster im Wald
Eichhörnchen huschen
aus Winterschlaf erwacht
durch die Hecken
Igel wandern vorbei
Blauviolettes Blümlein
sieht zu

Anemonen

Anemonen
Sternenblumen
Frühlingsleuchten
zwischen lichtdurchfluteten
frischen Baumstämmen
Vieltausendfaches Nicken
im zarten Wind
Frühlingsbote
kündet Ostern
Sternaugen
vielblättriger Himmel
Weiß in Grün

Vogelorchester

Vogelorchester tiriliert heut
Der Pirol begrüßt den Morgen
Die Amsel erfindet
ein neues Lied
Tirilli-tirilli.
Die Lerche steigt jubelnd
aus dem Feld
Im nahen Wald hört man
den Kuckuck
Spatzengeschrei
heißt Streit um die besten Körner
Zart zwitschert die Blaumeise
ihren Gesang: Kivitt-kivitt
Eintönig der Buchfink
Mit Krah, Krah
fliegt die Krähe ums Haus
Fein singt das Rotkehlchen
Schwermütig in der Rosenhecke
schlägt die Nachtigall

Nachtigall singt zart
in der Rosenhecke
Rosenblüten öffnen sich
Duft und Blütenstaub
schwebt über allem

Lerche

Die Lerche
steigt jubilierend
am frühen Sommermorgen
aus dem Feld
hinauf ins Blaue
Vieltausend Mücken
Gelbe und orange Schmetterlinge
tanzen durch die Weite
Im Wiesengras
am Boden
dort ist
das Lerchennest
Wenn die Kuckucksnelken blühen
singen die jungen Vogelkinder
vielstimmig
ihr Frühkonzert

Rotkehlchen
sitzt in der Hecke
singt und zwitschert
sein Lied in den Morgen
Schon naht der Sommer

Kleine Pflanze
Vergissmeinnicht

Kleine Pflanze
auf der Bergwiese
wie wiegst du dich
im Rhythmus
mit den Gräsern
Der Wind
trägt deinen Duft zu mir
kleine blaue Blume
mit den Sternenaugen
den zarten Staubgefäßen
den feinen grünen Blättchen
Lange könnt ich dich betrachten
kleines Wesen
das voller Schönheit ist
und doch bescheiden lebt

Lotos

Geheime Kraft
die tausend Falten hat
Im Schlamm verwurzelt
tief im See
sprießt diese Blume
aus dem Wasser
und öffnet sich zum Licht
Verborgen
ein Geheimnis
im sonnengleichen Inneren

Lotosblüten öffnen sich
dir meiner Sonne
Wolken ziehen
am unendlich blauen Himmel

Seerosenteich

Ein blauer tiefer See
in Waldes Mitte
auf dem Wasser
schwimmen grüne Blätter
Wenn der Sommer naht
öffnen dort weiße Seerosen
im Licht der Frühe
ihre Blüten
Steht die Sonne mittags
hoch am Firmament
leuchten schimmernd Seerosen
das Innere sonnengleich
Sie atmen Licht

Seerose rosa zart
Mitten im blauen Teich
die grünenden Blätter
Dort blüht sie
die eine, die ich meine
die allerschönste
zart rosa Seerose

Libelle

Libelle
tänzelt am Teich
Blaugrünes Flirren
über grünen Blättern
rosafarbene Seerosen
springende Fische
Luftblasenseufzer
Kleine Wasserspritzer
Rohrdommeln im Schilf
Hochzeitstanz
am kühlen See

Tautropfen schimmern
auf Lotosblüten
Vögel gleiten sanft
über den Lotosweiher
Libellen tanzen im Licht

Rhododendrenberg

Der Rhododendrenberg
blüht weiß, purpurrot und violett
im grünen Land
und in der Aue
in dunklen Wäldern
Auf weiter Flur
scheint warm die Frühlingssonne
Abendstille
violette Schatten
es glüht zum letzten Mal
der Rhododendrenhang
voll Duft und Honig
weiß, purpurrot und violett

Erdbeerzeit süße Früchte
inmitten grüner Blätter
Erdbeersüße
schmilzt im Kindermund

Abend im Wald

Bergsee blaugrün und tief
hoher Tannenwald
dunkelgrün und silbern
Lärchen und Kiefern
lichtgefleckte Stämme
golden und kupfern
in der Abendsonne
Spätdunkelblauer Himmel
mit den ersten funkelnden Sternen
Rehe, die den abendlichen Tau
würziger Gräser schmecken
Nachtfalter schaukeln
durch das Gebüsch
Singvögel verstummen
bis im sanften Mondlicht
sehnsuchtsvoll
das Käuzchen ruft

Apfelblüten
mitten im Frühling
Weiß und rosa
geschmückt
steht der Baum
im alten Garten

Sommerhimmel

Weiße Wolken
blauer Himmel
Sommerzeit
Sahnewolken
ziehen leise
wandern weit
Über Täler
über Hügel
tönt des Windes Widerhall
Leuchtend klare Bläue
fernes weites Weltenall

Sommertraum

Wogende Weizenfelder
rote, rote Mohnblumen
gleißende Sonne
in der Mittagsglut
rosenblühende Gärten
die letzten Erdbeeren
zergehen im Mund
bis ein frischer
blauer lauer Wind
eine andere Zeit
über die Felder treibt

Der Orangenhain

Sonnige Früchte
sommerreif
voller Saft
und Süße
leuchten gelb-orange
im Paradiese
ein Orangenhain
mit sattem Grün
im heißen Israel
schimmernde Blätter
silberne Stämme
Betäubender Blütenduft
liegt in der Luft
Himmelsgeschenk
goldner Orangenhain

Der Mandarinenbaum
blüht weiß
Schon hängen süße Früchte
golden an den Zweigen
Süßer Duft entströmt den Blüten
und erfüllt den Raum

Sonnengold

Sonne in Gold
küsst am Morgen
bunte Gräser
feuchten Tau
Schneebedeckte Gletscher
funkeln
Rosarote Berge
leuchten
Glaspalast
Azur in Blau

Gesang des Lichts
in der Frühe
Fernes Geläut der Glocken
Atem der Natur
Windhauch
über allen Gräsern
Garten
umhüllt von Blumenduft

Schmetterling

Zerbrich dem Schmetterling
die Flügel nicht
Er fliegt für Dich
und holt
das Wunderbare
aus dem Sonnenstaub

Wir fliegen
der aufgehenden Sonne
entgegen
jeden Morgen ins Licht
hinein in die Strahlen
des kommenden Tags

Die Rose

Zarte Knospe
öffnet sich
dem Sonnenstrahl
Lichtfülle
Samtigrot
Ein Inneres
aus Purpurseide
Süßer Duft
Ein feines Polster
Staubgefäße
Spät Hagebuttenherbst
und volles Rot

Sommerhauch
Warmer Wind
streicht über Gräser
und Blütenkelche
Rosen neigen sich
dem Licht entgegen

Schwäne

Rauschender Flügelschlag
Ein Schwanenpaar
zieht an den See
Im Frühling dann
die Kükenschar
flauschig grau
Sie wandern
ihren Eltern nach
und haben bald
ein strahlend weißes Federkleid
Anmutig recken sie die Hälse
tauchen in die Fluten
Sie ziehen zum Steg
bitten um Futter
die edlen, schönen Schwäne

Schwäne weiß und rein
Schöne treue Paare
erheben ihre Schwingen
zum unverhofften weißen Flug

Blumensommer

Glockenblumen klingen
läuten sanft den Sommer ein
Bunte Vögel singen
jubeln, fliegen
in den Himmel hoch hinein
Sonnenblumen blühen
mit weichem Polsterbett
Späte Astern glühen
purpurrot und violett
Bis der bunte Reigen
in Herbstnebeln versinkt
Später Oktober duftet
Goldener Wein in Gläsern klingt

Es lächelt die Akelei
Blauviolette Lavendelblüten
verströmen fein ihren Duft
Würzige Gräser
neigen sich
im Sommerwind

Blumengebete

Das Gras flüstert in nächtlicher Bläue
Erste Tautropfen
klingen im Morgennebel
Tannen raunen ihre grünen Waldlieder
Zitronenfalter
schweben über Glockenblumen
Margeriten
nicken in der Nachmittagsglut
Durch Birken
Rauscht der sanfte Wind

In Silberpappeln
singt der Wind
Blütenflocken fallen weiß
Bald naht der kühle Herbst

Bergwiesenwelt

Gesang der Gräser
Klingen der Glockenblumen
Leuchten der Kuckucksnelken
Duft von wilder Minze
und Salbei
Wippen der Schafgarbe
Nicken der Margerite
Flüstern des Schachtelhalms
Vieltausendfacher Rhythmus
der Bergwiesenwelt

Es strahlt
der azurblaue Himmel
Sahnewolken ziehen vorüber
Die Sonne wärmt
die duftenden Blüten

Wolkenkonzert
Tanzende Blumen
Blütenlächeln
Milde Mittagssonne
Glanz des frühen Sommers

Sanfter Regen im Sonnenlicht
Tropfen fliegen im Wind
Regenbogen spannt sich
weit übers Land
Vielfarbiges Licht
Glanz überall

Sternenhimmel mit Vollmond
in klarer Nacht
Lichterbesticktes Firmament
Unendliches Weltall
Wenn der Morgen naht
pfirsichfarbener Himmel
Die Sonne geht strahlend auf

Herrn Josefs Pflaumenbaum

Herr Josef
hatte einen Pflaumenbaum
Im Frühling stand der oft
in voller Blütenpracht
Im Herbst dann
hing er ganz weit oben
voll von großen saftigen Früchten
Wenn die Kinder
voller Sehnsucht blickten
nahm der Herr Josef
eine Bohnenstange
und schlug flugs
ein paar reife Pflaumen
in die aufgespannten Schürzen
Jeden Morgen suchten die Kleinsten
im taufrischen Gras
die süßen Pflaumen
Die fielen für sie nachts
vom Baum

Rosenzweig
taufrische Blüte
öffnet sich
Süßer Duft
verströmt

Bruder Kastanienbaum

Wie herrlich ragt am Wegkreuz
dort am Marterl, mein Bruder
der Kastanienbaum in lichte Bläue
Gegenüber wogen im Sommer Weizenfelder
Im Frühjahr
brechen die ersten braunen Knospen auf
mit zartgrünen Blattspitzen
Es erstrahlt der Baum
geschmückt mit viel hundert
leuchtend weißen Blütenkerzen
Nach wenigen Wochen
sind kleine kugelig-stachelige
Gesellen an den Kerzen
Kastanienwinzlinge
Die Vögel des Himmels
suchen in der Krone Halt
Im September-Herbst
platzen igelige Früchte an ihren Nähten auf
Nach der Schule
stopfen kleine Buben
die braunen glänzenden Kastanien
in ihre Taschen
basteln daheim
Kastanienfiguren
mit ihren Sreichholzbeinen

Obstbaumfuge

Herrlich leuchtet
der Birnbaum
mit den gelben, aromatischen
Williams-Christ-Birnen
den grünen, herzförmigen
Blättern im Sommer
Anmutig
steht der Pfirsichbaum
im Garten
mit den feinen, goldgelbroten
samtigen Pfirsichen
den schmalen Blättern
die im Wind flüstern
transparent, leuchtend gelb
sind die goldenen Pflaumen
am silbrigen Pflaumenbaum
Duftend die reifen Äpfel
Cox-Orange
mit dunkelgrünen Blättern
am alten, knorrigen Baum
In roten, pelzigen Haselblättern
verstecken sich die reifenden Nüsse
Dunkelgrün glänzend
steht der Mandarinenbaum im Garten
mit orangegoldenen runden Früchten
Das Herz des Gartens
ist der Kirschbaum
mit den süßen, prallen roten
saftigen Kirschen

Eine hellgrüne Zypressenhecke
umsäumt den Garten
das Innere
lädt nur die Freunde ein

Herbst

Die Sonnenblumen
haben ihre Liebesfühler ausgestreckt
aus ihren dunkelbraunen
weichen Polstern
Die Disteln haben sich als
silbrigstachelige Greise
verklärt geöffnet
Die Blätter verglühen
in tiefem Rot
bis nach dem letzten
wilden Herbstwirbeltanz
der Hauch einer neuen Zeit
über die noch warmen
Laubhaufen streicht

Die Taube gurrt leise
sitzt auf der alten Buche
Im Herbstwald
fallen die erste bunten Blätter
Der kühle Wind
streicht durch die Bäume

Apfelernte

Hoch im Baum
im kühlen Herbst
hängen Früchte
golden rot
duften sonnig
Fallen
nach dem ersten Sturm
ins nasse Gras
Kinder kosten
honigsüße Äpfel

Nachts
fallenTautropfen nieder
funkeln im Licht
wenn frühmorgens
die Sonne aufsteigt
Regenbogenfarben leuchten
auf Blumen und Blättern

Weizenfeld

Weizenfeld im Sonnengewoge
Rote Glut der Mohn
mit schwarzem Stempel
Kornblumenaugen
Kamillensterne
Hoch auf ranken Sommerwicken
Dunkel säumt der Wald
das gelbe Meer

Der rote, rote Mohn

Der rote, rote Mohn
das gelbe, gelbe Weizenfeld
das blaue, blaue Himmelszelt
und nachts
die weite, weite Sternenwelt

Goldener Sommer
voller Rosen und Kirschen
Sahnewolken
am tiefblauen Himmel
Luft voll warmer lichter Sonne

Füllhorn der Natur

Farben,
Früchte
Blumen
fallen aus dem Füllhorn der Natur
Sieh
da duften Oleanderblüten
rote Äpfel
gelbe Birnen
Samenpolster
Sonnenblumen
rosa Rosen
grünes Moos
dem verzückten Seher
in den Schoß

Lichtharfe
Konzert in Dur
und Moll
Deine glanzvolle
Sinfonie
du meine Sonne
ertönst jeden Tag neu

Vollmond

Der Mond zeigt heute
sein Gesicht
Rund und licht
steht er überm Haus
Die Vögel schlafen
Nachtfalter
kreisen durch die Gräser
Lausch dem Wind
der in den Tannen flüstert
Milchiger Schein
liegt über feuchter Wiese
Der Mond
zeigt heute sein Gesicht

Nachtigallengesang
in lauschiger Nacht
Mondlicht über dem See
Liebesatem
durchströmt
das Sternenlichtmeer

Herbstzeitschatten

Es wirft
der heiße Sommer schon voraus
rot-gelb-braune Herbstzeitschatten
buntes Weinlaub
rote Vogelbeeren
Licht
durchflutet Stoppelfelder
Abschiedstanz
der Mücken
Zugvögel ziehen
Herbstzeitschatten
Bald wird es kühl

Über Kiefern
an felsigen Bergen
ziehen Kraniche
Wolken am blauen Himmel
Weißer Dunst steigt auf
und verweht

Unterm Haselnussstrauch

Rote Blätter
in Herzform
Eichhörnchen
springen umher
Der Igel
versteckt sich
unter dem Laub
Pilze im Moos
Saftige Haselnüsse
Winterfutter
für die Tiere
des Waldes

Sieh die Kraniche ziehen
am goldenen Himmel
jenseits der Mauer
hin zur Verbotenen Stadt

Alte Weide im Wald

Hängende Zweige
Silbrige Blätter
Geborstener
alter Stamm
Raue Borke
mit grundigem Grün
moosbewachsen
Frauenhaar
im herbstlichen
milden Sonnenschein

Baumorchester
die Birke singt im Wind
die Tannen raunen
die alte Eiche ächzt im Sturm
die Rotbuche flüstert im Wald
Erlen nicken sanft
und Kiefern klirren leise
im Eishauch des Winters

Erster Schnee

Heut Nacht hat es geschneit
In der Frühe
ducken sich Dächer
unter weißer Haube
Der Schnee
verzaubert die Tannen vorm Haus
Winterstille
Eisblumen wachsen am Fenster
Ein warmer Hauch
ein Guckloch
ein Kind schaut hinaus

Schneeflocken
und Sonnenstrahlen
glitzern in der Luft
Inmitten der Kälte
erfasst mich zart
ein warmer Hauch
Raureif liegt über allem
Schneeflocken
tanzen vor dem Fenster
Vogelspuren
in frisch gefallenem Schnee

Winterkiefern

Riesige Kiefern
mit blaugrünen
langen Nadeln
Am Wipfel
kleine Zapfen
ragen an kalten Tagen
in den eisblauen Himmel
Wintersonnenschein
schimmert durch die Zweige
Eisblumen am Fenster
Ich seh den
eigenen Hauch
aufsteigen im Licht

Eisvogel mit blauem Gefieder
sitzt auf dem Zweig
Leise murmelt der Bach
glänzt und glitzert im Licht

Winternacht

Draußen klare, winterkalte
Nacht mit Sternen
in eisigen Fernen
Drinnen in warmer Stube
ein Kachelofen
knisternde Scheite
Es siedet der Samowar
Duft von frischem Tee
und Kandis
strömt durchs Haus
Hinter dem Ofen
sitzt das Kind
schmiegt sich
ans Schaffell
Großvater brät heut Äpfel
mit Zimt,
Nüssen
und Honig
Für das Kind
seliges Glück
bald sitzt es
auf Großvaters Knie
hört mit geröteten Wangen
Märchen aus fernen Tagen

Weihnachtszeit

Schneebedeckte Tannen
draußen schweigt die Winterwelt
Eiskristalle
schweben in der Luft
vom Himmelszelt
Zapfen hängen an den Dächern
Warmer Duft von Punsch
in den Gemächern
Kinder
bald ist Weihnachtszeit

Blauer Planet

Blauer Planet
voller Wasser
Gebirge
Wüste
Täler
und Ebenen
Deine Farbe
verleihen dir die Meere
Lapislazuliblau
und türkisfarben die Ägäis
Das Mittelmeer grünblau
und saphirfarben
Aufschäumend der indische Ozean
Der Atlantik gläsernblau
Tiefblau der Pazifik
und die Südsee
Silbern das chinesische Meer
Aquamarinfarben
die See in den norwegischen Fjorden
Blauer Planet
du vielfarbiger Edelstein

Von Anne Höver sind bei BoD noch erhältlich die Titel „Salomon singt", „Die Nachtigall", „Mandelzweig und Eisvogel", „Karols unendliche Reise" und „Licht im Licht",